PUBLICATIONS DE LA RÉUNION DES OFFICIERS

MÉLANGES MILITAIRES
XXXVIII

DES MÉTAUX

EMPLOYÉS DANS LA FABRICATION

DES CANONS ANGLAIS

PAR

M. J. L.

CAPITAINE D'ARTILLERIE

PARIS
CH. TANERA, ÉDITEUR
LIBRAIRIE POUR L'ART MILITAIRE ET LES SCIENCES
Rue de Savoie, 6
—
1872

DES MÉTAUX

EMPLOYÉS DANS LA FABRICATION

DES CANONS ANGLAIS

PUBLICATIONS DE LA RÉUNION DES OFFICIERS

I. — **L'Armée anglaise en 1871, au point de vue de l'offensive et de la défensive.** Brochure in-12. . . . . 25 c.

II. — **Organisation de l'armée suédoise.** — **Projet de réforme.** Brochure in-12. . . . . 25 c.

III-IV. — **Mode d'attaque de l'infanterie prussienne dans la campagne de 1870-1871**, par le duc GUILLAUME DE WURTEMBERG, traduit de l'allemand par M. CONCHARD-VERMEIL, lieutenant au 13e régiment provisoire d'infanterie. Brochure in-12. . . . . . 50 c.

V. — **De la Dynamite et de ses applications pendant le siége de Paris.** Brochure in-12. . . . . 25 c.

VI. — **Quelques idées sur le recrutement**, par G. B. Broch. in-12. 25 c.

VII. — **Etude sur les reconnaissances**, par le commandant PIERRON. Brochure in-12. . . . . 25 c.

VIII-IX-X. — **Etude théorique sur l'organisation d'un corps d'éclaireurs à cheval**, par H. DE LA F. Brochure in-12 . . . 75 c.

XI-XII-XIII. — **Etude sur la défense de l'Allemagne occidentale, et en particulier de l'Alsace-Lorraine.** Traduit de l'allemand. Brochure in-12. . . . . 75 c.

XIV. — **L'armée danoise.** — Organisation. — Recrutement. — Effectif. Brochure in-12. . . . . 25 c.

XV-XVI-XVII. — **Les places fortes du N.-E. de la France, et essai de défense de la nouvelle frontière.** Brochure in-12. 75 c.

XVIII-XIX. — **Considérations théoriques et expérimentales au sujet de la détermination du calibre dans les armes portatives**, par J. L., capitaine d'artillerie. Brochure in-12 . . . 50 c.

XX. — **Des bibliothèques militaires**, de l'établissement d'un catalogue et de la tenue des principaux registres. Brochure in-12. 25 c.

XXI-XXII-XXIII-XXIV. — **L'artillerie au siége de Strasbourg en 1870.** Notes recueillies par un officier de l'artillerie suisse, traduit de l'allemand par P. LARZILLIÈRE, capitaine d'artillerie. Brochure in-12 avec plan . . . . 1 fr.

XXV-XXVI. — **L'artillerie de campagne des grandes puissances européennes et les canons rayés.** Traduit de l'allemand par M. MÉERT, capitaine d'artillerie. Brochure in-12. . . . . . 50 c.

XXVII. — **Des canons et fusils à vapeur**, par J. L., capitaine d'artillerie. Brochure in-12. . . . . 25 c.

XXVIII-XXIX. — **La cavalerie de réserve sur le champ de bataille**, d'après l'italien, par FOUCRIÈRE, sous-lieutenant au 81e régiment. Brochure in-12. . . . . 50 c.

XXX. — **De la répartition de l'armée sur le territoire.** Brochure in-12 . . . . 25 c.

---

756 — Paris, Imp. H. Carion, rue Bonaparte, 64.

DES MÉTAUX

EMPLOYÉS DANS LA FABRICATION

DES CANONS ANGLAIS

PAR

M. J. L.

CAPITAINE D'ARTILLERIE

PARIS
CH. TANERA, ÉDITEUR
LIBRAIRIE POUR L'ART MILITAIRE ET LES SCIENCES
Rue de Savoie, 6

1872

DES MÉTAUX

EMPLOYÉS DANS LA FABRICATION

DES CANONS ANGLAIS

Grâce à l'analyse chimique, nous avons aujourd'hui des connaissances fort étendues sur la composition et la propriété des métaux, spécialement des métaux susceptibles d'emploi pour la fabrication des bouches à feu. Sous ce rapport, les progrès accomplis depuis plusieurs années sont considérables; mais on est encore bien loin d'être fixé d'une manière certaine sur ce sujet d'une importance capitale.

On a beaucoup écrit sur le fer et l'acier; seulement les auteurs des traités concernant ces métaux se sont plus occupés des propriétés physiques et chimiques de ces corps que de leur emploi au point de vue économique et industriel dans les usines où l'on fabrique les bouches à feu.

Métaux usuels. — Ce sont le bronze, la fonte, le fer forgé et l'acier.

Définitions. — Entendons-nous d'abord sur la valeur de termes que nous allons employer.

Malléabilité. — C'est la propriété qu'ont certains corps de subir une extension *permanente* sous l'action du laminoir ou du marteau.

Fragilité. — C'est la propriété inverse, par suite de laquelle un corps se rompt sous l'action plus ou moins prolongée d'une pression ou d'un choc.

Ductilité. — C'est la propriété que possèdent certains corps de s'étirer en fils, sous l'influence d'une force de traction.

Ténacité. — C'est la propriété qu'ont les corps de résister à un effort de traction qui tend à les rompre ; on la mesure par le poids que peut supporter l'unité de section d'un fil ou d'un prisme du corps soumis à la traction.

Flexibilité. — Les Anglais semblent faire de cette qualité une propriété à part, à laquelle ils donnent le nom de *toughness*, bien qu'elle ne soit guère qu'un cas particulier d'une propriété plus générale, l'*élasticité*. L'auteur fait ici observer que l'un des corps où cette propriété est le plus manifeste, c'est l'acier. Lorsqu'il est trempé, sa flexibilité est presque nulle ; en cet état il est fort dur et de plus cassant ; mais s'il est recuit, sa flexibilité se développe suivant le degré auquel a été porté ce recuit ; ainsi une lame d'acier pincée à son extrémité peut subir des déplacements considérables, comme on peut en juger par les ressorts d'acier, et revenir à la position primitive quand cesse l'action qui les déformait. L'auteur ajoute que cette propriété est opposée à la dureté et à la fragilité d'une part, et d'autre part à la ductilité. Sous ce dernier rapport, nous ne sommes pas de son avis, car il faut absolument qu'un corps soit à la fois ductile et flexible, pour être façonné en ressort à boudin.

Douceur. — On dit qu'un métal est *doux* (soft) quand il cède facilement à l'action qui tend à le déformer, sans reprendre sa forme primitive quand l'action vient à cesser. Ce n'est, du reste, qu'un terme de comparaison ; ainsi l'on dit parfois que l'acier est *doux* ou *dur* suivant les propriétés qui lui sont communiquées par le traitement industriel spécial qu'on lui a fait subir.

Limite d'élasticité. — C'est l'effort à partir duquel un corps élastique cesse de revenir à sa forme primitive et conserve un allongement permanent.

1° *Du bronze*. — Le bronze est un alliage de cuivre et d'étain en proportions variables ; quand ces proportions sont de 90 de cuivre et 10 d'étain à peu près, le bronze est de métal à canons (*gun-metal*). Sa qualité la plus remarquable est la ténacité, car il est extrêmement difficile de faire éclater un canon de bronze. D'un autre côté, il a le défaut de n'être point assez dur ; les boulets sphériques laissent sur la surface de l'âme des canons des *logements*, *éraflures*, par suite de leurs chocs contre les parois ; de plus, la *douceur* du métal augmente par suite de l'élévation de la température, développée dans un tir un peu soutenu. Aussi n'est-il guère utilisé que pour les pièces lisses de campagne, où les efforts absolus exercés dans l'âme des canons sont moindres que dans les canons rayés, toutes choses égales d'ailleurs (poids de la charge et poids du projectile), et aussi pour les canons rayés tirés à faible charge, comme le canon de montagne anglais de sept livres.

En 1869, l'Angleterre a adopté en principe le bronze comme métal à canons pour les canons de campagne rayés se chargeant par la bouche, destinés soit au service territorial, soit au service des Indes ; mais on a éprouvé depuis tant de difficultés pour obtenir dans la coulée un métal sain et homogène, qu'on a fini par renoncer au bronze et qu'on l'a remplacé, pour les pièces de campagne du service territorial, par le fer forgé et l'acier combinés.

Le défaut d'uniformité des produits obtenus dans la coulée du bronze tient à ce fait que le cuivre et l'étain ne forment pas un alliage défini dans la proportion de 9 à 1, adoptée théoriquement au moins pour le bronze des canons ; on obtient au contraire une série d'alliages de titres fort variables.

Chacun des deux métaux a son poids spécifique particulier et sa température de fusion ; il s'ensuit que dans l'opération de la coulée, ils se séparent plus ou moins, d'où il résulte des taches d'étain et des cendrures qui amènent des points défectueux dans la masse, et rendent le métal inacceptable, si les rayures doivent traverser ces points faibles. Ces défauts existaient d'ailleurs dans les pièces lisses ; on en a constaté l'existence dans des canons fondus depuis 1790 et sciés à cet effet. Mais, comme nous l'avons dit plus haut, ces imperfections avaient moins de gravité dans les canons lisses, où d'ailleurs les tensions intérieures et la température développées sont beaucoup plus faibles que dans les canons rayés. Chez ceux-ci, la diminution du *vent* a dû encore contribuer à augmenter l'échauffement local ; on sait d'ailleurs que le bronze s'échauffe avec beaucoup de facilité, et que l'étain fond à une température peu élevée (235°) ; ce qui fait qu'on trouve souvent dans des pièces rayées des taches d'étain qui ne se seraient jamais révélées dans une pièce lisse.

2° *Fonte de fer.* — C'est le premier état par lequel passe le fer, dans le traitement industriel du minerai ; il y est allié avec de nombreux éléments, entre autres le carbone et la silice ; une grande partie du carbone provient du combustible employé, mais la silice ne provient que du minerai. Indépendamment de ces deux substances, la fonte contient encore du soufre, du phosphore et du manganèse.

La proportion de carbone incorporée à la fonte varie de 2 à 5 pour 100 ; une partie est chimiquement combinée avec le fer, l'autre n'est que mélangée mécaniquement.

La fonte du commerce se distingue en huit numéros. Les plus bas caractérisent la fonte dont la cassure est grisâtre ou truitée (*mottled*) ; elle contient une assez forte proportion de graphite incorporée, mais non combinée avec le fer. Les plus hauts numéros caractérisent la fonte blanche à cassure brillante ; le carbone y figure à l'état de combinaison.

C'est à la présence du carbone que la fonte est redevable de sa fusibilité et de sa dureté, et ces propriétés expliquent les nombreux usages que la fonte a reçus dans l'industrie, et à la rigueur son adoption comme métal à canons ; mais elle a le défaut d'être cassante. La fonte grise est plus fusible, plus douce et moins cassante que la fonte blanche ; la fonte truitée participe des propriétés des deux. C'est à cet état moyen (n° 4 à peu près) que la fonte est employée pour la fabrication des bouches à feu. La présence de la silice, du soufre ou du phosphore augmente la fragilité de la fonte et détermine des contractions inégales au moment de la coulée, surtout quand la pièce est massive, d'où un état d'équilibre instable dans l'arrangement moléculaire et dans les actions intérieures qui en sont la conséquence. Aussi la fonte n'en est pas assez solide pour résister aux énormes efforts développés dans l'âme des canons de la grosse artillerie moderne. Il faut dire que certains canons de fonte ont tiré sans accident un nombre indéfini de coups ; mais en général, les charges et les projectiles avaient des poids modérés, et pour une pièce de fonte qui s'est bien comportée, quantité d'autres ont fait explosion. Bref, l'expérience a clairement démontré que dès à présent la fonte est inacceptable comme métal à canons pour le tir à grandes charges des pièces de gros calibre.

La fonte des canons américains est d'une qualité exceptionnelle ; mais les gros canons rayés du système Parott ont parfois éclaté pendant la guerre de la sécession. On a été obligé de revenir aux canons lisses, dont on se contente provisoirement.

Les fontes au charbon de bois de Suède et de Danemark sont bien supérieures à la fonte anglaise, fabriquée à la houille ; la fonte d'Espagne est aussi d'excellente qualité.

Mais ces trois Etats ont renoncé à l'emploi de la fonte seule, comme étant trop infidèle. Toutefois, à l'exemple de la France, ils ont adopté la fonte cerclée avec frettes d'acier ou de fer forgé ; ce n'est, à vrai dire, qu'un expédient qu'ont imposé des raisons d'économie.

En résumé, la principale qualité de la fonte est sa dureté ; son plus grand défaut est sa fragilité. Sa ténacité est médiocre, et lorsqu'un point de l'âme vient à céder, il en résulte un éclatement suivi en général d'accidents redoutables. Les seules pièces de fonte dont on fasse usage en Angleterre sont destinées à des services placés en seconde ligne, si l'on peut s'exprimer ainsi ; encore sont-elles renforcées par un frettage en fer forgé qui augmente leur solidité.

3° *Fer forgé.* — Le fer chimiquement pur n'est susceptible d'aucune application industrielle ; le fer forgé du commerce contient les mêmes éléments hétérogènes que la fonte, mais dans une proportion moindre. Ainsi l'on y trouve une proportion de charbon variant de 1/1000 à 3/1000, plus parfois certaines traces de phosphore et de soufre ; le phosphore rend le fer cassant à froid (*cold short*) ; le soufre le rend cassant à chaud (*red short*) ; conséquemment les meilleurs échantillons doivent être débarrassés de ces deux métaux.

On extrait le fer de la fonte en débarrassant celle-ci de ses impuretés par le procédé du *puddlage* ; mais quand la fonte est mélangée avec un grand nombre de substances, le puddlage ne suffit pas. Pour avoir de très-bon fer, il faut employer d'excellente fonte. On communique au fer la structure fibreuse par l'étirage ou le martelage, les fibres étant dirigées dans le sens où l'étirage et le martelage ont déterminé l'allongement. La fibre se développe le long de la barre de fer forgé, comme la fibre du bois le long de la tige et des branches de l'arbre.

La structure fibreuse peut être mise en évidence de la manière qui suit. On traite par un acide faible un petit barreau découpé dans une barre de fer; à la longue, l'acide débarasse le métal des menues portions de scories et autres impuretés réparties dans la masse, de manière à dégager d'une manière nette et bien visible un faisceau métallique composé de lames minces, ressemblant à des filaments. La texture fibreuse des barres les rend plus résistantes dans une certaine direction que dans toute autre; cette direction est celle qui est perpendiculaire aux fibres. C'est d'ailleurs ce qui arrive pour le bois, lequel exige pour se fendre deux fois plus de force dans le sens perpendiculaire aux fibres que dans le sens de celles-ci.

Les fibres sont simplement séparées, mais non rompues et la force de cohésion qui les réunit n'est pas beaucoup plus grande que celle des cristaux qui composent la bonne fonte. Sir William Armstrong a utilisé cette propriété de la texture fibreuse dans son système d'artillerie frettée.

Le fer forgé est pratiquement infusible aux températures du feu de forge ordinaire, mais il se ramollit assez pour pouvoir être *soudé* à lui-même, ce qui n'est pas le cas de la fonte, qui ne se soude jamais. En d'autres termes, si l'on applique deux morceaux de fer chauffés au blanc soudant l'un contre l'autre par deux faces bien dressées à l'avance, et qu'on les comprime soit par l'action du laminoir soit à l'aide d'un marteau, la réunion sera tout aussi intime que si la double pièce provenait d'un seul morceau, et la résistance au point de soudure sera la même qu'en tout autre point. La plus ou moins grande facilité avec laquelle le fer peut se souder à lui-même constitue une de ses qualités principales; un fer est d'autant plus estimé qu'il donne de meilleurs résultats sous ce rapport, toutes choses égales d'ailleurs au point de vue de la malléabilité, de la ductilité et de la ténacité.

L'élasticité du fer forgé n'est pas très-considérable, mais il est susceptible d'un notable degré d'extension sans contracter d'allongement permanent. Une fois cette limite atteinte, la malléabilité et la ductilité entrent en jeu et permettent de continuer l'allongement dans des limites encore très-larges, jusqu'à ce que la rupture se produise, même quand l'effort s'exerce d'une façon comparativement brusque et instantanée. Néanmoins, sous ce dernier point de vue, il faut que l'effort ne dépasse pas une certaine grandeur et, pour une même grandeur, un certain degré d'instantanéité; ainsi il arrive qu'une pièce de fer forgé éclate quand on détermine dans l'intérieur de l'âme l'explosion d'un projectile rempli de coton-poudre. C'est pour cela qu'en Angleterre on préfère le fer forgé à l'acier pour les couches *extérieures* des canons rayés, bien que la résistance de ce dernier métal à l'action d'une force qui tend à le dilater dans le sens du rayon soit double (surtout quand il a été trempé dans l'huile) que la résistance correspondante du fer. D'autres raisons encore font qu'on doit préférer l'acier au fer pour les parties *intérieures* du canon.

En effet, la pratique a démontré qu'il est impossible d'obtenir un tube de fer forgé entièrement débarrassé de certains défauts au point de vue de la soudure, qui, légers en apparence et n'ayant aucune importance pour les couches extérieures, sont extrêmement préjudiciables à la solidité pour peu qu'ils intéressent les couches voisines de l'âme proprement dite. La destruction est surtout rapide quand ces défauts règnent à l'emplacement de la chambre, où les gaz développent leurs plus grands efforts et agrandissent, à chaque coup, l'avarie déterminée par le premier. D'autre part, le fer forgé est un métal trop mou (*soft*) pour permettre aux rayures de résister aux actions corrosives des énormes charges de poudre employées dans les gros canons actuels; sa **propriété d'extension**, si précieuse pour les couches extérieures, devient, jusqu'à un certain point, pernicieuse pour les parties intérieures, car il en résulterait que le diamètre de l'âme s'agrandirait peu à peu par suite du tir ; le métal, s'affaiblissant d'une manière progressive, finirait par céder et se fendre, les couches extérieures restant intactes pendant tout ce travail.

Au contraire, l'acier fondu est en général parfaitement lisse et sans taches ni défauts apparents ; sa grande dureté lui permet de subir, sans détérioration aucune, les actions des gaz et du projectile; sa limite d'élasticité étant beaucoup plus reculée que celle du fer forgé, il n'y a pas de danger qu'il s'étende et que le diamètre du tube s'agrandisse. S'il vient à subir un effort exceptionnellement violent et instantané, ce tube peut se rompre, mais la couche extérieure de fer forgé absorbe pour ainsi dire l'intensité du coup et prévient une rupture suivie d'éclatement.

Pour faire l'*épreuve* du fer forgé en barres, on mesure, dans les fonderies, le degré d'allongement des échantillons présentés jusqu'à la limite de rupture; on prend note du poids qui détermine cette rupture et de l'aspect que présente la cassure de la barre. La cassure du bon fer doit présenter un aspect soyeux irrégulier, légèrement grisâtre, et faire ressortir nettement la texture fibreuse. Si, au contraire, la cassure a l'aspect cristallin, si la rupture a eu lieu sans extension préalable, c'est un signe que le fer n'est pas fibreux et qu'il est inadmissible pour la fabrication des canons.

Le fer forgé peut être *aciéreux ;* l'analyse chimique fait ressortir le degré d'aciération par la quantité de carbone contenue dans le fer en sus de la proportion moyenne. Mais il existe un moyen plus expéditif, qui consiste à chauffer le fer au rouge et à le plonger brusquement dans l'eau. Si le fer ne contient pas d'acier, cette opération n'est suivie d'aucun effet; sinon, elle le rend plus dur, plus réfractaire à un effort qui tendrait à l'allonger ; il se rompt alors d'une manière plus nette. En pareil cas, la cassure devient cristalline et granuleuse, au lieu de présenter l'aspect fibreux. En un mot, la trempe lui fait perdre d'autant plus de son extensibilité qu'il est plus aciéreux ; si la rigidité communiquée par la trempe est excessive, par exemple si la rupture, sans extension bien marquée, a lieu au delà de 2 tonnes par pouce carré (environ 300 kil. par centimètre carré), et que la cassure indique une quantité considérable de charbon, le fer doit être rejeté. En effet, nous avons vu ci-dessus que, pour les couches extérieures auxquelles est destiné le fer, il faut, non pas de la dureté, mais un certain degré d'extensibilité et de flexibilité, surtout sous l'influence d'efforts instantanés; de façon que, dans le cas où la pièce serait soumise à des forces excédant sa résistance, sa destruction par l'intérieur ne soit que progressive, et que le personnel appelé à la servir en soit averti par quelque indice préalable.

4° *Acier.* — La différence essentielle qui établit la ligne de démarcation entre l'acier, le fer et la fonte, c'est la proportion de carbone. Voici quelle est cette proportion :

Fer forgé. . . . 0,1 à 0,3 pour cent en poids;
Acier. . . . . . 0,3 à 2,0   id.   id.
Fonte de fer . . 2,0 à 5,0   id.   id.

On voit que le fer forgé est du fer *à peu près* chimiquement pur; que la fonte contient une notable proportion de charbon; l'acier, sous ce rapport, occupe la position intermédiaire, et, de plus, presque tout le carbone qu'il contient est combiné chimiquement avec le fer.

L'acier à l'état naturel, après l'opération de la fonte ou du forgeage, est à fort peu près aussi mou et aussi peu élastique

que le fer forgé ; on le durcit par l'opération de la trempe. Cette opération le rend de plus extrêmement fragile, à cause des tensions inégales qui s'établissent entre ses molécules, par suite du refroidissement subit. En cet état, il est tout à fait incapable de résister soit à une tension statique ou dynamique, soit à un choc. Il faut donc, sans nuire à sa dureté, lui conserver sa ténacité en faisant disparaître cette fragilité qui le rend analogue au verre. A cet effet, on le trempe dans l'huile, au lieu de le tremper dans l'eau. L'huile, comme tous les liquides, conduit mal la chaleur, et son point d'ébullition est inférieur à 315° centigrades. Par conséquent, lorsque l'acier chauffé est plongé dans l'huile, il lui communique sa chaleur plus lentement qu'il ne le ferait à l'eau, dont le point d'ébullition est beaucoup moins élevé ; en sorte que l'opération du *recuit* se fait en même temps que celle de la *trempe*. La température à laquelle il faut chauffer l'acier n'est pas non plus indifférente. Voici d'ailleurs quelques résultats provenant des expériences de M. Kirkaldy :

SORTE D'ACIER	Résistance en kilo par centimètre carré.	Allongement en centièmes.	ASPECT de la cassure.
1° Chauffé très-fort et trempé dans l'eau....	4650 kil.	0	Entièrement granuleux.
2° Chauffé très-fort et refroidi lentement....	5650	22	Entièrement fibreux.
3° Chauffé modérément et trempé dans l'huile....	8200	14.5	1/3 granuleux. 2/3 fibreux.
4° Chauffé très-fort et trempé dans l'huile....	9000	2.5	Presque entièrement granuleux.

Ce tableau fait ressortir clairement les avantages obtenus par ce mode de traitement. Toutefois, malgré tous les perfectionnements apportés dans la fabrication, on n'a pu faire disparaître tous les défauts qu'on peut reprocher à l'acier comme métal à canons ; et, dans les usines anglaises, malgré la grande ténacité de l'acier sous l'action d'efforts *statiques*, on n'a cru devoir se servir de ce métal, dans la construction des bouches à feu de gros calibres, que pour le tube intérieur formant l'âme. On redoute encore trop l'influence des défauts dont on vient de parler, à savoir : la fragilité, l'insécurité et le manque d'extensibilité pour des actions dépassant une certaine limite.

Sa fragilité est la cause des explosions soudaines dont les effets terribles produisent les plus grands accidents. Son insécurité non plus n'est pas à mettre en doute ; des échantillons provenant du même lingot peuvent n'avoir pas même composition chimique, et ne pas se ressembler comme cassure et propriétés physiques. Il faut absolument faire l'épreuve à part de tout lingot destiné à la confection d'un tube. Quant à l'extensibilité, on sait qu'elle est beaucoup moindre que celle du fer, pour lequel il existe une distance notable, même plus grande, entre la limite élastique à partir de laquelle commence l'allongement permanent et la limite dite de rupture, et, bien que les nombres qui correspondent à ces limites soient beaucoup plus élevés pour l'acier que pour le fer, on a néanmoins préféré ce dernier pour la construction des couches extérieures du canon.

Citons au sujet de l'acier l'opinion de **M. Anderson** :

« L'acier fondu est le plus cher des métaux à canons ; mais
« l'âme des canons, lorsqu'elle est en acier fondu, se conserve
« indéfiniment lisse et nette ; aussi, malgré ce qu'il coûte,
« serait-il la perfection même, s'il était aussi *sûr* que le fer
« forgé et si l'on pouvait augmenter encore son élasticité.

« Mais sa fabrication présente encore trop d'incertitude pour
« que le personnel appelé à servir les canons d'acier fasse
« feu et se tienne auprès de la pièce en toute confiance,
« comme on peut le faire pour les pièces en fer forgé. De
« plus, le fer coûte peu de chose, en sorte que provisoire-
« ment rien ne nous force à recourir exclusivement à l'acier
« pour la fabrication de nos bouches à feu. »

En résumé, l'acier, par sa dureté, sa ténacité et la propriété qu'il a d'être exempt de soufflures, érosions, taches, etc., vaut mieux que le fer pour constituer le tube intérieur des canons ; il est inadmissible pour les parties supérieures, en raison de sa fragilité et de son insécurité notoire.

De là un mode de construction adopté en Angleterre, et fondé sur la disposition et la répartition méthodique des éléments métalliques composant la bouche à feu. Depuis douze ans que l'on s'y conforme, aucune explosion n'a eu lieu dans le service, aucun accident n'a occasionné la mort de qui que ce soit. On n'en peut pas dire autant des systèmes d'artillerie en fonte ou en acier fondu.

Suivent deux tableaux concernant : l'un, le prix des divers métaux à canons ; l'autre, leurs qualités au point de vue de la résistance et de l'élasticité.

Prix des divers métaux à canons.

Fonte de fer. Prix par tonne.	525 fr.
Construction Armstrong (fer forgé et tube d'acier)	2,500 fr.
Construction Fraser —	1,630 fr.
Acier fondu (Krupp ou Whitworth)	4,260 fr.
Bronze	4,750 fr.

	PAR CENTIMÈTRE CARRÉ		ALLONGEMENT par unité de longueur, à l'instant de la rupture.
	LIMITE d'élasticité.	LIMITE de rupture.	
Bronze.........	kil. 1060	kil. 2300	0.29
Fonte depuis.... de fer jusqu'à...	environ 620	1400 2170	Trop faibles pour être mesurés exactement.
Fer forgé dans le sens des fibres........	1700	3400	0.30
Acier mou...... trempé dans l'huile....	2000 4800	4800 7300	0.21 0.11

Le fer forgé est à peu près deux fois plus dur que le bronze ; la fonte deux fois plus dure que le fer forgé, et l'acier trempé deux fois plus dur que la fonte.

PUBLICATIONS DE LA RÉUNION DES OFFICIERS

En vente à la librairie militaire de Ch. TANERA,
6, rue de Savoie, à Paris.

I. — **L'armée anglaise en 1871, au point de vue de l'offensive et de la défensive.** Brochure in-12. 25 cent.

II. — **Organisation de l'armée suédoise.** — **Projet de réforme.** Brochure in-12 . . . . 25 cent.

III-IV. — **Mode d'attaque de l'infanterie prussienne dans la campagne de 1870-1871**, par le duc GUILLAUME DE WURTEMBERG, traduit de l'allemand par M. CONCHARD-VERMEIL, lieutenant au 13e régiment provisoire d'infanterie. Brochure in-12 . . . . 50 cent.

V. — **De la Dynamite et de ses applications pendant le siége de Paris.** Brochure in-12 . . . . 25 cent.

VI. — **Quelques idées sur le recrutement**, par G. B. Brochure in-12 . . . . 25 cent.

VII. — **Étude sur les Reconnaissances**, par le commandant PIERRON. — Brochure in-12 . . . . 25 cent.

VIII-IX-X. — **Étude théorique sur l'organisation d'un corps d'éclaireurs à cheval**, par H. de la F. Brochure in-12 . . . . 75 cent.

XI-XII-XIII. — **Etude sur la défense de l'Allemagne occidentale, et en particulier de l'Alsace-Lorraine.** Traduit de l'allemand. Brochure in-12 . . . . 75 cent.

XIV. — **L'armée danoise.** — **Organisation.** — **Recrutement.** — **Instruction.** — **Effectif.** — Broch. in-12. 25 cent.

XV-XVI-XVII. — **Les places fortes du N.-E. de la France, et essai de défense de la nouvelle frontière.** Brochure in-12 . . . . 75 cent.

XVIII-XIX. — **Considérations théoriques et expérimentales au sujet de la détermination du calibre dans les armes portatives**, par J. L., capitaine d'artillerie. Brochure in-12 . . . . 50 cent.

XX. — **Des bibliothèques militaires**, de l'établissement d'un catalogue et de la tenue des principaux registres. Brochure in-12 . . . . 25 cent.

XXI-XXII-XXIII-XXIV. — **L'artillerie au siége de Strasbourg en 1870.** Notes recueillies par un officier de l'artillerie suisse, traduit de l'allemand par P. Larzillière, capitaine d'artillerie. — Brochure in-12 avec plan . . . . 1 fr.

XXV-XXVI — **L'artillerie de campagne des grandes puissances européennes et les canons rayés**, traduit de l'allemand par M. Meert, capitaine d'artillerie. — Brochure in-12. . . . . 50 cent.

XXVII. — **Des canons et fusils à vapeur**, par J. L., capitaine d'artillerie. — Brochure in-12 . . . . 25 cent.

XXVIII-XXIX. — **La cavalerie de réserve sur le champ de bataille**, d'après l'italien, par Foucrière, sous-lieutenant au 81° régiment. — Brochure in-12 . . . . 50 cent.

XXX. — **De la répartition de l'armée sur le territoire.** Brochure in-12. . . . . 25 cent.

Manuel d'hygiène à l'usage des sous-officiers et soldats, par le docteur Bungkly. — Brochure in-12 . . . 60 cent.

L'armée prussienne, entretien, par M. Lahaussois, sous-intendant militaire. — Brochure in-12. . . . . 60 cent.

Hygiène militaire, entretien, par le docteur Arnould, médecin-major de première classe.— Brochure in-12 . . 60 cent.

Des tirailleurs, de leur instruction, de leur emploi, entretien, par M. Herbinger, capitaine adjudant-major au 1ᵉʳ provisoire. — Brochure in-12. . . . . 60 cent.

Principes rationnels de la marche des impedimenta dans les grandes armées. Entretien fait par M. Anatole Baratier, sous-intendant militaire. Brochure in-12. . . 1 fr.

Organisation de l'armée de l'Allemagne du Nord. — Recrutement et libération. Traduit de la 12ᵉ édition de l'ouvrage sur l'organisation de l'armée allemande du général de Witzleben, par le commandant Le Maitre. — In-8°. . 2 fr.

Instruction du 9 juin 1866 concernant le service de garnison de l'armée prussienne. Traduit de l'allemand par MM. Samion et Laplanche. — Brochure in-12. . 1 fr. 25

PUBLICATIONS DE LA RÉUNION DES OFFICIERS

EN VENTE

Manuel d'hygiène et de premiers secours, à l'usage des sous-officiers et des soldats. Traduit de l'allemand par M. le docteur Burckly. Br. in-12 . . . . 60 c.

L'armée prussienne; entretien fait à la Réunion des Officiers par M. Lahaussois, sous-intendant militaire. Br. in-12. 60 c.

Hygiène militaire; entretien fait à la Réunion des Officiers par le docteur Arnould, médecin-major de première classe. Br. in-12 . . . . 60 c.

Des tirailleurs, de leur instruction, de leur emploi; entretien fait à la Réunion des Officiers par M. Herbinger. Br. in-12. 60 c.

Principes rationnels de la marche des Impedimenta dans les grandes armées; entretien fait à la Réunion des Officiers par M. Baratier. Br. in-12 . . . . 1 fr.

Organisation de l'armée de l'Allemagne du Nord, recrutement et libération, par Witzleben. Traduit de l'allemand par le commandant Lemaitre. Br. in-8° . . . . . . 2 fr.

Instruction du 9 juin 1870 concernant le service de garnison de l'armée prussienne. Traduit de l'allemand par MM. Samion et Laplanche. 1 vol. in-12 . . . . . 1 fr. 25

Les canons-géants du moyen âge et des temps modernes, par R. Wille, lieutenant de l'artillerie prussienne. Traduit de l'allemand par MM. Colard et Bouché, lieutenants d'artillerie. 1 vol. in-8° . . . . 3 fr.

Les mitrailleuses et leur emploi pendant la guerre de 1870-1871, par Hermann comte Thürheim, capitaine bavarois. Traduit de l'allemand par E. J. Broch. in-8°. 1 fr. 25

Paris. — Imp. H. Carion, 64, rue Bonaparte.

www.ingramcontent.com/pod-product-compliance
Lightning Source LLC
Chambersburg PA
CBHW071423060426
42450CB00009BA/1986